便利！危険？

自分を守るネットリテラシー

SNSにひそむ危険

監修 遠藤 美季

はじめに

ICT（Information and Communication Technology：情報通信技術）によって、わたしたちの生活はとても便利になっています。学習や趣味といった個人的な利用から、社会がかかえる課題の解決にも役立ち、未来は大きく変わっていくでしょう。

ICTは、わたしたちがより豊かに、そして幸せになるためのものですが、使い方次第で、自分や周囲を巻きこむ大きなトラブルをまねくこともあります。いじめや犯罪などのトラブル、炎上、依存など、生活や心身の健康をおびやかすこともあります。あふれる情報にふり回されて、人々の間に争いや分断も起きています。「ちょっと失敗した」ではすまないことも多くあるのです。

近年、AI（Artificial Intelligence：人工知能）の目覚ましい発達でより問題は複雑になり、情報のあつかいも難しくなってきました。状況は日々変わりますが、ICTを利用する際の基本の考え方は変わりません。本シリーズで紹介することを意識し、ネットリテラシー（インターネットを適切に使いこなす力）を身につけることができれば、トラブルをさけ、情報社会を上手に生きていく一助になるでしょう。

ネットリテラシーを身につけるためには、アナログの体験も必要です。自分の五感を使って広い世界を知り、インターネットでは得られないさまざまな経験をしておくことが、ネットをコントロールする力やトラブルがあったときのレジリエンス力（回復力）になります。人への優しい気持ち、自分を大切にする心も忘れずに、みなさんが情報の海をたくましく安全に航海していくことを願っています。

遠藤 美季

この本の見方

この本は、テーマごとにマンガから始まります。マンガの中の当事者になったつもりで、自分ならどうしたかを考えましょう。そして、Q&Aや深ぼり解説を読んで、「トラブルを防ぐにはどうしたらよいか」を学び、ネットのモラルとリテラシーを身につけましょう。

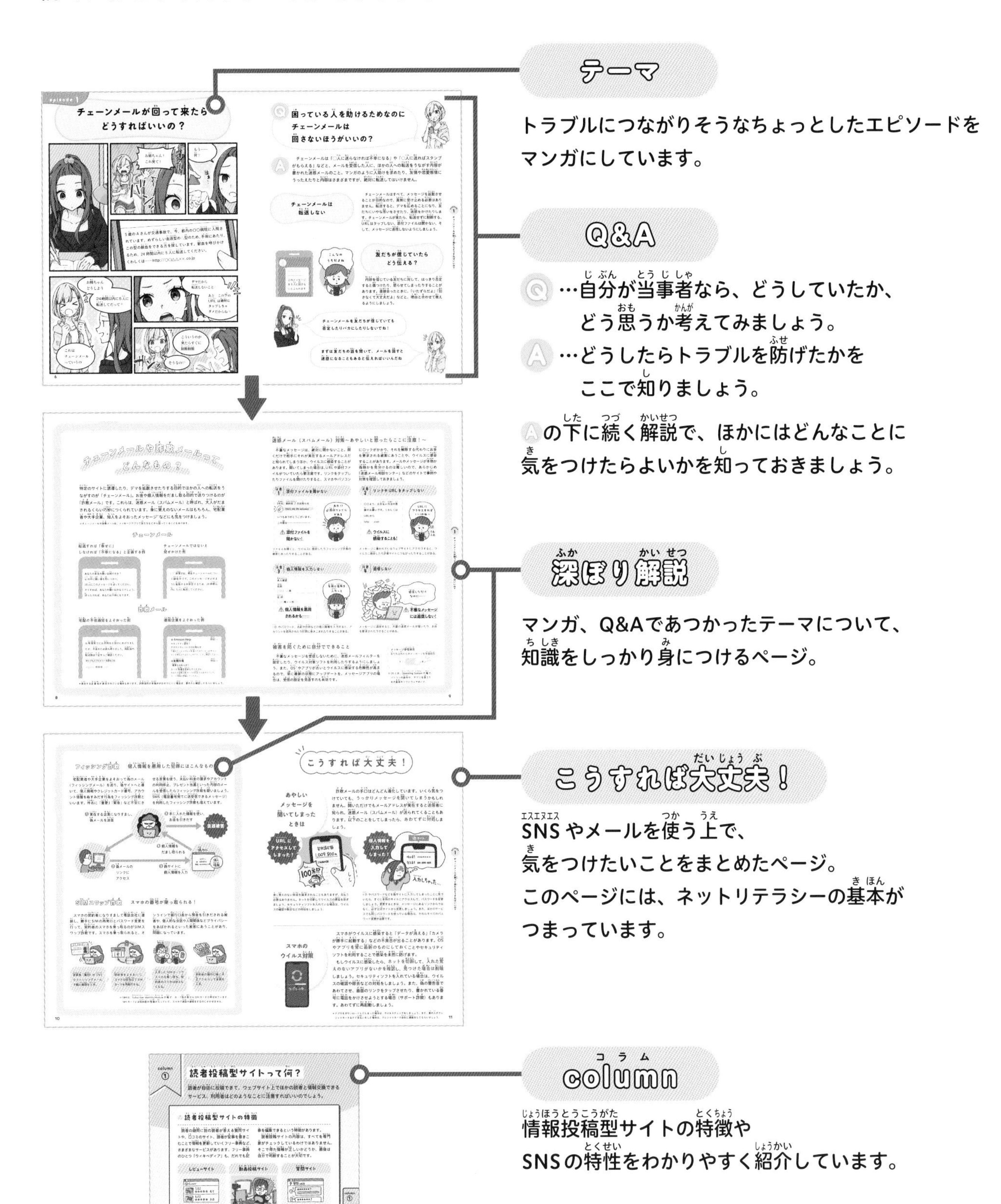

テーマ

トラブルにつながりそうなちょっとしたエピソードをマンガにしています。

Q&A

Q …自分が当事者なら、どうしていたか、どう思うか考えてみましょう。

A …どうしたらトラブルを防げたかをここで知りましょう。

A の下に続く解説で、ほかにはどんなことに気をつけたらよいかを知っておきましょう。

深ぼり解説

マンガ、Q&Aであつかったテーマについて、知識をしっかり身につけるページ。

こうすれば大丈夫！

SNSやメールを使う上で、気をつけたいことをまとめたページ。このページには、ネットリテラシーの基本がつまっています。

column

情報投稿型サイトの特徴やSNSの特性をわかりやすく紹介しています。

もくじ

わたしもみんなに
合わせなきゃ
いけないのかな……

ひゃー!!
ねっ？
ガーン

でも……
「自分は絶対に大丈夫！」
とか

チェーンメールが回って来たら どうすればいいの？

5歳のAさんが交通事故で、今、都内の〇〇病院に入院されています。めずらしい血液型の△型のため、手術にあたり、この型の献血をできる方を探しています。献血を呼びかけるため、24時間以内に5人に転送してください。

くわしくは……http://〇〇△△××.co.jp

Q 困っている人を助けるためなのにチェーンメールは回さないほうがいいの？

チェーンメールは「○人に送らなければ不幸になる」や「○人に送ればスタンプがもらえる」などと、メールを受信した人に、ほかの人への転送をうながす内容が書かれた迷惑メールのこと。マンガのように人助けを求めたり、友情や恋愛感情にうったえたりと内容はさまざまですが、絶対に転送してはいけません。

チェーンメールは転送しない

チェーンメールはすべて、メッセージを拡散させることが目的なので、真剣に受け止める必要はありません。転送すると、デマを広めることになり、友だちにいやな思いをさせたり、迷惑をかけたりします。チェーンメールが来たら、転送せずに削除する、URLはタップしない、添付ファイルは開かない、そして、メッセージに返信しないようにしましょう。

友だちが信じていたらどう伝える？

内容を信じている友だちに対して、はっきり否定すると傷つけたり、怒らせてしまったりすることがあります。直接会ったときに、「いたずらだよ」「回さなくて大丈夫だよ」などと、理由と合わせて教えるようにしましょう。

チェーンメールを友だちが信じていても否定したりバカにしたりしないでね！

まずは友だちの話を聞いて、メールを回すと迷惑になることもあると伝えればいいんだね

チェーンメールや詐欺メールってどんなもの？

特定のサイトに誘導したり、デマを拡散させたりする目的でほかの人への転送をうながすのが「チェーンメール」。お金や個人情報をだまし取る目的で送りつけるのが「詐欺メール」です。これらは、迷惑メール（スパムメール）と呼ばれ、大人がだまされるくらい巧妙につくられています。身に覚えのないメールはもちろん、宅配業者や大手企業、知人をよそおったメッセージ※などにも気をつけましょう。

※チェーンメールや詐欺メールは、メッセージアプリで友だちなどから回ってくることもあります。

チェーンメール

転送すれば「幸せに」しなければ「不幸になる」と主張する例

あなたの本当の願いは何ですか？
心の中に願い事を思いうかべ、
10人にこのメッセージを送ってください。
そうすれば、あなたの願いはかなうでしょう。
送らなければ、あなたは不幸になります。

チェーンメールではないと見せかけた例

○○新聞では、現在チェーンメールについて調査中です。このメッセージがどのように拡散するか検証するため、24時間以内に5人に転送してください。

詐欺メール

宅配の不在通知をよそおった例

お客様宛てにお荷物をお届けにあがりましたが、不在のため持ち帰りました。再配達の配送物は下記からご確認ください。

タップしてプレビューを読みこむ

segawa-●●●.com

通販企業をよそおった例

● Ameson Help　昨日 >
セキュリティ警告！
アカウントについてのお知らせ
不審なデバイスからお客様のアカウントへのサインインが検出されました。ログインしてご確認ください。

●楽観市場　昨日 >
[重要なお知らせ]
カード情報を更新してください
あなたの楽観会員カードが認証されませんでした。カード情報を更新してください。

＊実在する企業名が表記されている場合もあります。詐欺目的か本物かがわかりにくい場合は、家の人に確認してもらいましょう。

迷惑メール（スパムメール）対策～あやしいと思ったらここに注意！～

不審なメッセージは、絶対に開かないこと。開くだけで相手にそれが実在するメールアドレスだと知られてしまうほか、ウイルスに感染することがあります。開いてしまった場合は、URLや添付ファイルがついていたら要注意です。リンクをタップしたりファイルを開けたりすると、スマホやパソコンにロックがかかり、それを解除する代わりにお金を要求される被害にあうことや、ウイルスに感染することがあります。メールやメッセージが本物か偽物かを見分けるのは難しいので、あらかじめ「迷惑メール相談センター」などのサイトで事例や対策を確認しておきましょう。

注意1　添付ファイルを開かない

ファイルを開くと、ウイルスに感染したりフィッシング詐欺の被害にあったりすることがある。

注意2　リンクやURLをタップしない

〇〇より、お支払い方法の登録のお願いです。くわしくはURLから

http:~~~.com

⚠ ウイルスに感染することも!

メッセージに書かれているウェブサイトにアクセスすると、ウイルスに感染したり詐欺サイトにつながったりすることがある。

注意3　個人情報を入力しない

ID やパスワード、名前や住所などの個人情報を入力すると、アカウントを悪用されたり犯罪に巻きこまれたりすることがある。

注意4　返信しない

メッセージに返信すると、大量の迷惑メールが届いたり、お金を要求されたりすることがある。

被害を防ぐために自分でできること

不審なメッセージを受信しないために、迷惑メールフィルターを設定したり、ウイルス対策ソフトを利用したりするようにしましょう。また、OS※やアプリが古いとウイルスに感染する危険性が高まるので、常に最新の状態にアップデートを。メッセージアプリの場合は、受信の設定を見直すのも有効です。

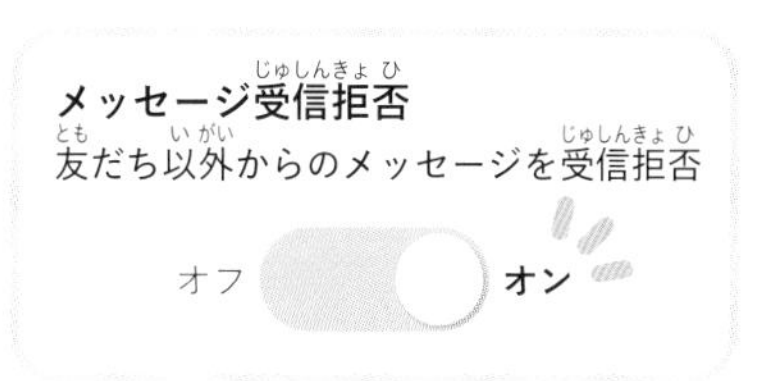

※ OS とは、Operating System の略で、パソコンの操作や、アプリを使うための基本のソフトウェアのこと。

フィッシング詐欺　個人情報を悪用した犯罪にはこんなものも

宅配業者や大手企業をよそおって偽のメール（フィッシングメール）を送り、偽サイトへと導いて、個人情報やクレジットカード番号、アカウント情報をぬすみだす行為をフィッシング詐欺といいます。件名に「重要」「緊急」など不安にさせる言葉を使う、未払い料金の請求やアカウントの利用停止、プレゼント当選といった内容のメールを受信したらフィッシング詐欺を疑いましょう。SMS（電話番号宛てに送受信できるメッセージ）を利用したフィッシング詐欺も増えています。

❶ 実在する企業になりすまし、偽メールを送信

❺ 手に入れた情報を使い、お金を引きだす

❷ 偽メールのリンクにアクセス

❸ 偽サイトに個人情報を入力

❹ 個人情報をだまし取られる

SIM※スワップ詐欺　スマホの番号が乗っ取られる！

スマホの契約者になりすまして電話会社に連絡し、勝手にSIMの再発行とパスワード変更を行って、契約者のスマホを乗っ取るのがSIMスワップ詐欺です。スマホを乗っ取られると、オンラインで銀行口座から預金を引きだされる被害や、個人的な会話や人間関係などプライバシーをあばかれるといった被害にあうことがあり、問題になっています。

犯罪者（集団）がSNSやフィッシングメールで個人情報を入手。

契約者をよそおって、スマホの販売店でSIMカードを再発行する。

入手したSIMカードでスマホを乗っ取る。契約者のスマホは使えなくなる。

契約者の銀行口座に不正アクセスして金銭を入手。

※ SIMは、Subscriber Identity Moduleの略で、カード型の形からSIMカードと呼ばれています。SIMカードには契約者の情報が入っていて、スマホで通話や通信をするのにかかせません。

こうすれば大丈夫!

あやしいメッセージを開いてしまったときは

　詐欺メールの手口はどんどん進化しています。いくら気をつけていても、**うっかりメッセージを開いてしまう**かもしれません。開いただけでもメールアドレスが実在すると送信者に知られ、迷惑メール（スパムメール）が送られてくることもあります。以下のことをしてしまったら、**あわてずに対処**しましょう。

URLにアクセスしてしまった!

身に覚えのない料金を請求されることもありますが、支払う必要はありません。ネットを切断してウイルスの感染を防ぎましょう。セキュリティソフトを入れている場合は、ウイルスの確認や除去などの対処をしましょう。

個人情報を入力してしまった!

IDやパスワードなどを偽サイトに入力してしまったことに気づいたら、すぐに本物のサイトにアクセスして、パスワードを変更しましょう。変更するときは、メッセージにあるリンクからではなく、必ず公式サイトから変更しましょう。また、ほかのサービスでも同じパスワードを使っている場合は、それらすべてのパスワード変更が必要です。

スマホのウイルス対策

　スマホがウイルスに感染すると「データが消える」「カメラが勝手に起動する」などの不具合が出ることがあります。**OSやアプリを常に最新のものにしておく**ことやセキュリティソフトを利用することで感染を未然に防げます。

　もしウイルスに感染したら、**ネットを切断**して、**入れた覚えのないアプリがないかを確認**し、**見つけた場合は削除**しましょう。セキュリティソフトを入れている場合は、ウイルスの確認や除去などの対処をしましょう。また、偽の警告音であわてさせ、画面のリンクをタップさせたり、書かれている番号に電話をかけさせようとする場合（サポート詐欺）もあります。あわてずに再起動しましょう。

＊アプリをダウンロードしてしまった場合は、ウイルスチェックをしましょう。また、家の人がクレジットカードなどで支払いをした場合は、クレジットカード会社に連絡をしてもらいましょう。

メッセージのやりとりでトラブルになっちゃった

悪気はなかったのに、このままだとモモとミサキに誤解されたまま。どうすればいい……？

文字だけのやりとりでは、自分の気持ちが相手にうまく伝わらないことがあります。誤解されたかな、と思ったら、気持ちをていねいに伝え直すことが大事。電話をするか、直接会ってきちんと説明するのが、仲直りへの近道です。

どうしてメッセージだとちゃんと伝わらないの？

人との会話では、言葉だけでなく、表情や声の調子、身ぶりなど、いろいろな感情表現が加わることで、お互いに理解が進みます。ところが、メッセージのやりとりでは表情や声の調子が伝わらず、言葉の解釈もズレてしまうことがあります。この書き方で大丈夫か、自分が同じ言葉をいわれたらどう感じるか、送る前に必ず読み返してみましょう。

直接会って話すときは

言葉だけでなく、表情やいい方、声の調子、仕草などからも、相手の気持ちを想像できる。

メッセージのやりとりだと

表情や仕草が見えないため、受け取る側は文字情報だけで判断し、ズレが生じることがある。

おもしろいって伝えたかったの
誤解される文を送ってごめんなさい

リコの気持ちを確認しないで、わたしたちもキツイ言葉を使っちゃってごめんね

メッセージのやりとりで誤解されやすい表現

文字だけでメッセージのやりとりをすると、気持ちがうまく伝わらないことがあります。ときには伝えたいことと反対の意味にとられて、ケンカやいじめの原因になることも。どんな表現が誤解されやすいのか見てみましょう。

2通りの意味で受け取れる言葉

	否定的ではない受け取り方	否定的な受け取り方
何で来るの？	どうやって（どの交通手段で）来るの？	（来てほしくないのに）なぜ来るの？
大丈夫	OK	必要ない、いらない
いいよ	OKだよ	いらないよ
おかしい	おもしろい、笑える	変わってる、変だ
友だちじゃない	友だちなんだから（強調の意味）	友だちではない（否定の意味）

トラブルを防ぐにはどうしたらいい？

絵文字、スタンプを上手に活用しよう

絵文字やスタンプを使うと、言葉に表情が出て意味がはっきりします。絵文字やスタンプを活用して、生き生きした会話にしましょう。スタンプは、人によって解釈がちがうこともあるので、相手との関係性を考えて使いましょう。

気持ちが伝わる言葉をプラス

「宿題の範囲を教えてほしい」「休んだ日のノートを貸して」といったたのみごとの後には「いつもありがとう」「いつもごめんね」など、やわらかい言葉や感謝の言葉をプラス。それだけで相手に気持ちが伝わりやすくなります。

「怒っている」「冷たい」とかんちがいされやすい表現

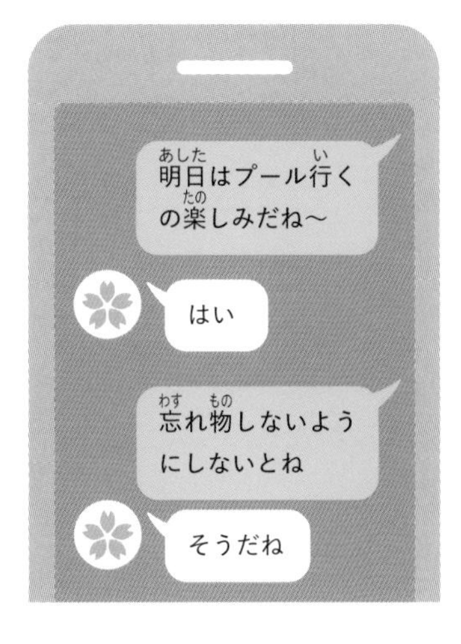

「はい」や「そうだね」と返答するときは

「はい」や「そうだね」のような短いメッセージだけ送ると、相手に「怒ってる？」「本当はいやなのかな？」と思われるかもしれません。最後に「!」や😊（笑顔の絵文字）をつければ、やさしい印象になり、気持ちが伝わりやすくなります。それでも100%伝わると過信はせずに相手によって表現を考えましょう。

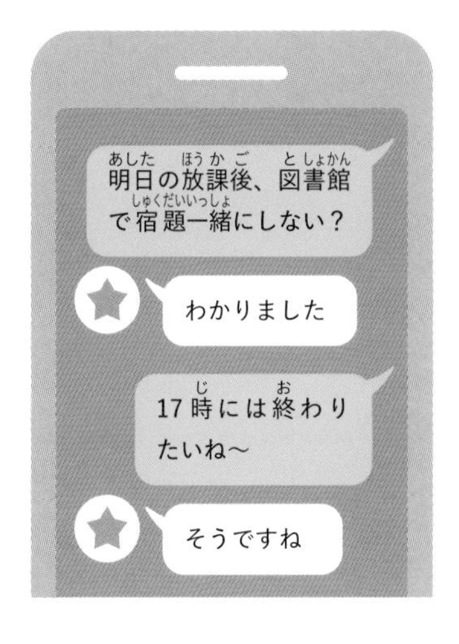

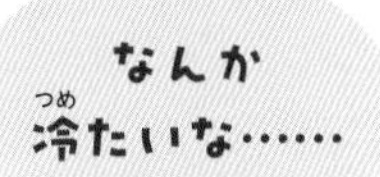

親しい友だちに敬語を使うと

友だちなのに、突然「わかりました」「そうですね」などと敬語を使うと、「どうしたのかな？」「怒ってるのかな？」と相手を不安にさせてしまいそう。この場合も「！」や😊（笑顔の絵文字）、スタンプを使うなど、誤解されないような表現をしましょう。

送る前に相手がどう思うか読み直してみる

メッセージは、相手に届いたら基本的には取り消せません。かんちがいされないか、相手を傷つけるいい方をしていないか、送る前に読み直す習慣をつけましょう。顔が見えないからこそ、相手を思いやる気持ちを大事にしましょう。

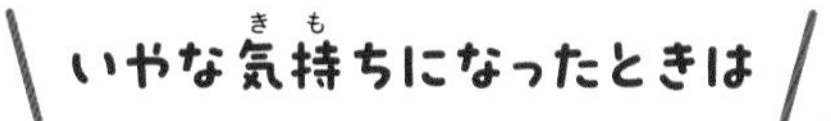

いやな気持ちになったときは

メッセージを読んでいやな気持ちになったとしても、もしかしたらかんちがいかもしれません。ひとりでなやまず、相手に真意を聞いてみましょう。また、あなたのメッセージが誤解をまねいた場合は、素直に謝りましょう。

こうすれば大丈夫！

誤爆してしまった！どうしよう？

誤爆とは、相手をまちがえてメッセージを送ってしまうこと。内容によっては、送り先のまちがいが大きなトラブルにつながることもあります。「やってしまった!」と思ったら、すぐに送信取消※をしましょう。誤爆を防ぐには、眠いときにSNSをしない、同時に複数の相手とやりとりしない、余裕のないときに送らない、宛て先をよく確認することが大事です。また、相手によってトーク画面の背景を変えるのも有効です。

※中には送信取消ができないものもあります。その場合は、すぐに謝りましょう。

グループの会話の途中でうまくぬけるには？

グループの会話がなかなか終わらないと、途中でぬけにくいことがあります。そんなときは「ごめんね、そろそろ休もうかな」「続きはまた明日ね!」などの終わりのメッセージを入れると、気持ちよくぬけられそう。また、会話にあまり参加していないときは、じゃまにならないように「おやすみ」「また明日」などのスタンプをおしてからぬけるのもおすすめです。

SNSでつかれないためには

SNSは時間も場所も関係なく利用できます。だからこそ、SNSばかりにたよらず、直接会って話をする時間を大切にしたいものです。そして、相手の反応を気にしすぎない。しつこく返事を要求したり、「いいね」の数を気にしたりしないこと。たまには通知をオフにして、リアルな世界を楽しみましょう。

column ①

読者投稿型サイトって何？

読者が自由に投稿できて、ウェブサイト上でほかの読者と情報交換できるサービス。利用者はどのようなことに注意すればいいのでしょう。

読者投稿型サイトの特徴

読者の疑問に別の読者が答える質問サイトや、口コミのサイト、読者が記事を書きこむことで情報を更新していくフリー事典など、さまざまなサービスがあります。フリー事典のひとつ「ウィキペディア」も、だれでも記事を編集できるという特徴があります。

読者投稿サイトの内容は、すべてを専門家がチェックしているわけではありません。そこで得た情報が正しいかどうか、最後は自分で判断することが大切です。

レビューサイト

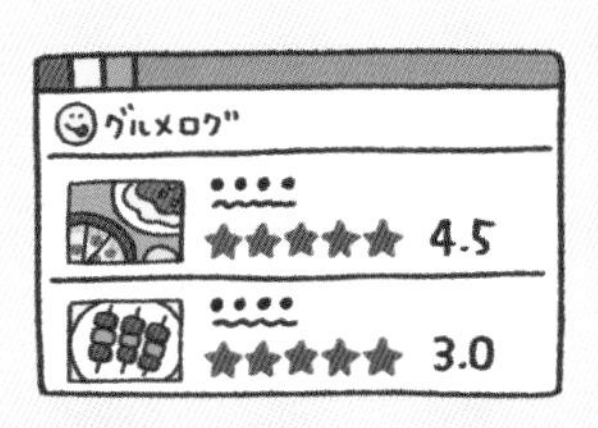

実際に利用した商品や店の感想を投稿できます。レビューサイトのユーザーは、商品や店を選ぶ際の参考にすることができます。うその口コミもあるため、すべてを信用せず、ほかのサイトも参考にしましょう。

動画投稿サイト

自分で撮った動画の投稿や、ほかの人が投稿した動画の視聴ができるサイト。世界中で利用されている「YouTube」は、再生回数にともなって広告収益が得られるため、動画配信で収益を得るYouTuberという職業を生みました。

質問サイト

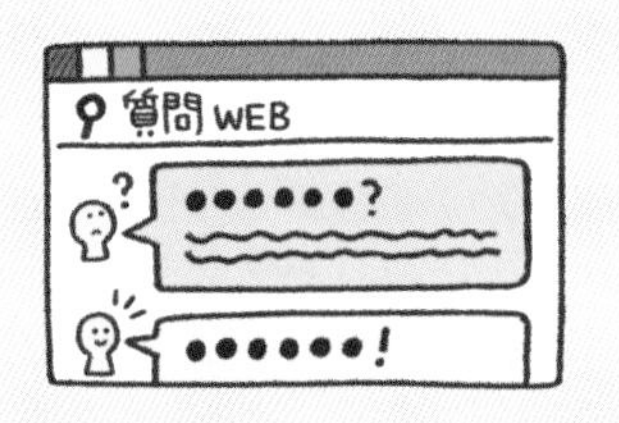

質問を投稿すると、それに対して読者や専門家などが答えるサイト。すべてが正しい答えとは限りませんが、複数の人の答えを見比べて判断することができます。

投稿はすべて正しいとは限らない！

投稿内容はすべてが正しいとは限らず、そのまま信じるのは危険ですが、情報のひとつとして参考にすることはできます。また、記事内容が更新されたり、ユーザー同士の交流であらたな気づきが生まれたりすることがあるので、自分なりに情報を読み解く「情報リテラシー」の力を養う場として使ってみましょう。

episode 3

その投稿、大丈夫？

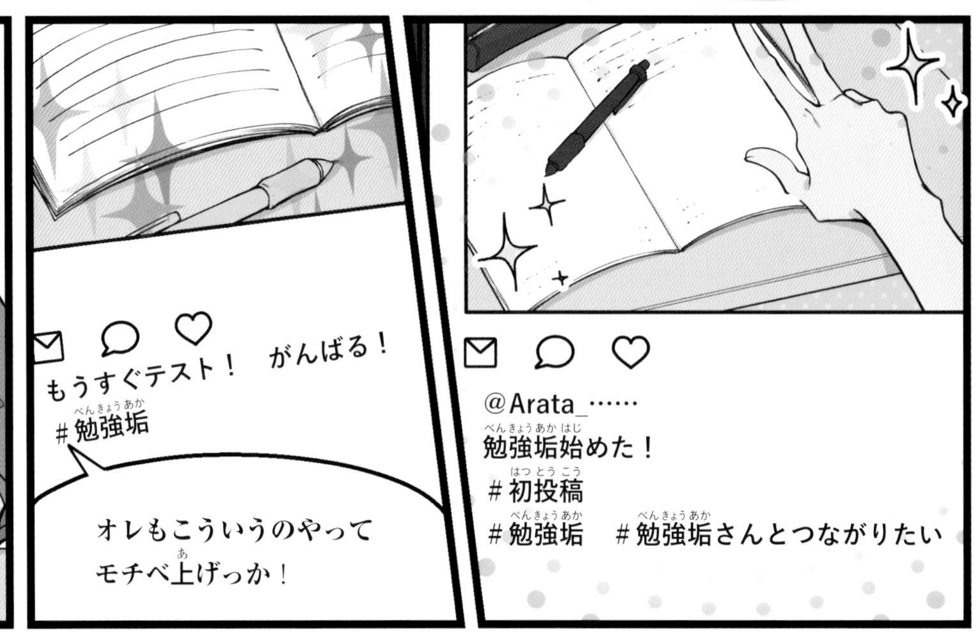

顔も名前も出していないのにどうして勉強や日常生活の写真を投稿したら危ないの?

本のレシートに書かれた店名や、家の前が工事中というコメントなどを組み合わせて、個人情報を割りだすことができます。それが、SNSなどのソーシャルメディアの身バレ（身元が特定されること）につながっています。身バレすると、ストーカーや空き巣などの犯罪に巻きこまれるリスクが高まります。

画像をアップロードするときはどうすればいい？

位置情報を消しておこう

スマホで撮る写真には、撮影日時や撮影場所などの情報が記録されます。これをExif情報といいます。投稿するときは、この情報を消す必要があります。自動的にExif情報が削除されるSNSもあるので、利用しているSNSが対応しているか必ず確認しましょう。カメラの位置情報をオフにすることもできます。

見せたくない部分はしっかり加工

モザイク加工をすれば安全に思えますが、取り除くツールがあるので確実ではありません。また、マーカー機能でぬりつぶしても、画面を明るくすれば見えるようになります。見せたくない部分は、トリミングしたり、スタンプで加工したりして、しっかりかくすようにしましょう。

「いいね」も個人情報のヒントに

顔や氏名、学校名を公表していなくても、フォロワー同士の「いいね」の履歴や、フォローやフォロワーのリストをヒントに、学校や自宅、趣味などの個人情報を特定されることがあります。これをさけるため、プロフィールは非公開にして、フォロー申請には気軽に応じないといった対策が必要です。

投稿するなら位置情報とか、個人の特定につながる情報を投稿しないように気をつけたほうがいいってことだ

自分は安全だと思わないことが大事だね

SNSってどんなもの？

SNSは、Social Networking Serviceの略で、インターネットを利用して、家族や友だちだけでなく、世界中の人たちとコミュニケーションが取れるサービスです。年齢も住む場所もちがう人たちと、メッセージのやりとりや写真や動画の共有が可能です。X（旧Twitter）、Instagramなどさまざまな種類があります。

LINE（ライン）

メッセージや通話だけでなく、写真や動画の共有もできるコミュニケーションアプリです。日本でいちばん使われているSNSで、利用推奨年齢は12歳以上。小学生の利用には保護者の許可が必要です。

X（エックス）／旧Twitter

メッセージ（ポスト＝つぶやき）に対して、ほかのユーザーが共感を示したり、コメントをしたりすることができます。拡散機能やユーザー同士がやりとりするDM※機能があります。利用は13歳以上。

※ DM…Direct Messageの略で、特定の相手と送受信するメッセージのこと。

SNSは時間も場所も飛びこえて人とつながれる！

インターネットがつながる場所なら、24時間いつでも、世界中どこにいても利用できるのがSNS。自分の日記、作品、仕事など、情報を自由に発信でき、同じSNSを利用している人同士なら、世界中のだれとでもつながることができます。同時に、見知らぬ人とも簡単にやりとりできるため、トラブルに巻きこまれる危険もあります。

SNSの対象年齢は？

LINEの利用推奨年齢は12歳以上、TikTokやX（旧Twitter）、Instagramの利用は13歳以上とされています。本来、小学生は対象外ですが、利用率が上がっているのが問題となっています。利用する場合は、家の人とよく話し合い、SNSのトラブルに巻きこまれないために、有害・違法な情報へのアクセスを制限するフィルタリングを設定するようにしましょう。

＊18歳未満の未成年が使用するスマホを契約する際、フィルタリングサービスを提供することが携帯電話事業者に義務づけられています。

Instagram（インスタグラム）

写真や動画の投稿に特化したSNS。24時間で投稿が消える「ストーリーズ」という機能や、ショート動画を投稿する「リール」という機能があります。コメントを書きこんだり、DM※でやりとりしたりすることもできます。利用は13歳以上。

※20ページ参照

TikTok（ティックトック）

動画の投稿や共有が気軽にできるSNS。15秒～60秒の短い動画が中心ですが、10分までの長い動画も投稿でき、ほかのユーザーとコラボすることもできます。利用は13歳以上。

ネットに公開した情報は消せない

いたずらをしている写真などを、軽い気持ちでSNSに投稿したらどうなるでしょうか？「すぐに消せば問題ない」なんてことはありません。だれかがそれを保存していれば、再び投稿、拡散されてネット上に残り続けるからです。このように消せない情報を「デジタルタトゥー」といいます。

とくに個人情報や、はだかや下着姿の写真が人の手にわたると、悪用されたりネットに投稿するとおどされたりする危険があります。投稿するのもメッセージで送るのも絶対にやめましょう。「ネットの投稿は一生消せない」ことを前提に、投稿する前によく内容を確認することが大事です。

＊児童ポルノ禁止法では、18歳未満の児童のはだか等の写真や動画を撮影、保存するだけでも処罰の対象となることがあります。

軽い気持ちで投稿

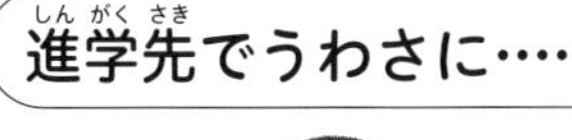

投稿した写真で居場所や個人情報がわかる!?

何気ない日常のスナップ写真でも、そこからはさまざまな情報を読み取ることができます。1枚では難しくても、複数の写真を組み合わせれば、背景や服装、投稿の内容などから、学校や住所、行動パターンなどがわかることもあります。SNSでつながっている友だちの投稿から、自分の情報がもれることも……。住所や居場所が特定されると、ストーカーや空き巣などの犯罪に巻きこまれる危険性が高まります。自宅近くや家の前、窓からの風景、駅名などが写りこんだ写真は投稿しないようにしましょう。

どのようなものから個人情報がもれるの？

制服やユニフォーム

全身が写っていなくても、えりの形やデザイン、ラインの色や本数などで学校が特定できる。

マンホール

地方公共団体の名前や地域限定のデザインのほか、識別番号などから場所がわかることも。

瞳に映りこむ風景

顔写真を拡大して、瞳に映りこんだ風景から、その人がいる場所を特定することができる。

事件や事故

リアルタイムの事件や事故について投稿すると、それを見た人に、いる場所や通学路を特定される。

レシート

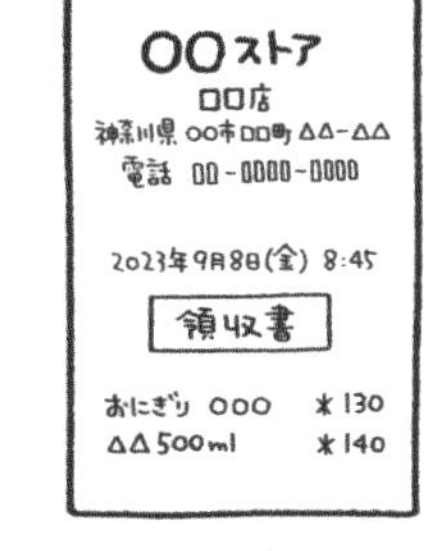

○○ストア
□□店
神奈川県 ○○市□□町 △△-△△
電話 00-0000-0000
2023年9月8日(金) 8:45
領収書
おにぎり ○○○ ¥130
△△ 500ml ¥140

店の近くに学校や自宅があると推測される。時間もわかるので行動パターンが特定される。

ペットとの散歩

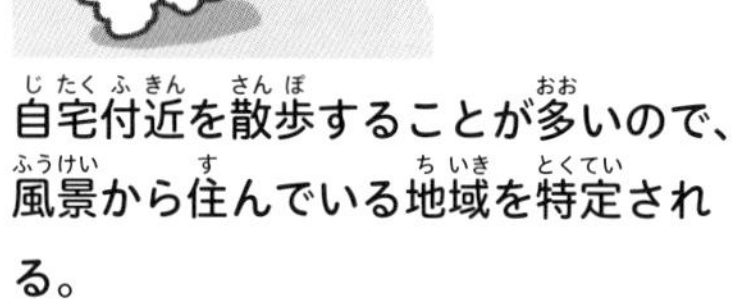

自宅付近を散歩することが多いので、風景から住んでいる地域を特定される。

こうすれば大丈夫！

Instagramのストーリーズは本当に消えるの？

Instagramには、**投稿しても24時間で消える**ストーリーズという機能があります。ところが、**公開されているあいだにスクショ（スクリーンショット）**※**や動画キャプチャでコピー**されたら、自分ではどうすることもできません。投稿は、ネット上に掲載しても大丈夫なものだけにしましょう。

※スクショ（スクリーンショット）…パソコンやスマホなどで、表示している画面を画像として保存すること。

非公開でも要注意！

SNSの多くは、アカウントの公開範囲を「自分のみ」「一般公開」「一部の人に公開」というように設定できます。例えば、Instagramではアカウントを「非公開」に設定すれば、フォロワー以外からは見られなくなります。**プライバシーを守るために、アカウントを非公開に設定**することがおすすめです。

ただし、承認したアカウントのだれかが、**あなたの投稿画像を保存**し、投稿することがあるかもしれません。非公開だからと安心せず、内容をよく見直し、**個人情報や公にできないことは投稿しない**ように注意しましょう。

「いいね」を気にしすぎないで！

自分の投稿に「いいね」がつくと、自分が評価されたようでうれしいですね。ただ、**「いいね」の数を気にしすぎると心がつかれてしまいます**。その数は、決してあなたの価値を決めるものではありません。「いいね」をもらうことを目的とせず、SNSで楽しい世界をどんどん広げてください。

グループトークで仲間はずれに

SNSグループでの仲間はずれ、いいのかな？

SNSの仲間はずれは、いじめと同じです。仲間はずれの会話に自分が合わせる必要はありません。ただし、SNSは、相手の顔が見えないことから、仲間はずれをしやすい一面があります。注意すれば悪口をいわれる側になることもあります。グループ内で仲間はずれが起きたら、見て見ぬふりをせず、大人に相談するようにしましょう。

ネットいじめってどういうもの？

ネットいじめとは、チャットやメールなどネットを使ったいじめのことです。SNSのグループトークでは、一度に何人もの人と同時にやりとりできます。その一方で、ちょっとした意見の食いちがいや誤解から、特定の人の悪口を書きこんだり仲間はずれにしたりするいじめが起こることがあります。

SNSの書きこみは、顔が見えないので相手の気持ちがわかりづらく、匿名でも書くことができるので、実感のないままいじめに加わっていることもあります。SNSでは、だれもが加害者や傍観者、被害者にもなる可能性があるのです。

ネットいじめの怖さ

ネットいじめは、いつも使うスマホやタブレットで行われます。被害者は24時間どこにいても精神的なダメージを受けてしまい、追いつめられてしまいます。

また、一度ネット上にアップロードされたものは完全に消すことは難しく、誹謗中傷などのいじめの書きこみがずっと残り続けるのも怖いところです。

仲間はずれをするグループラインとは少しずつ距離をおいて
リアルで気の合う友だちを大切にすることにしたよ

気軽に使えるからこそSNSでは自分にブレーキを

ネットいじめが起きやすい理由を知って、防ぐために何ができるかを考えてみましょう。

面と向かっていえないひどい言葉も相手の顔が見えないSNSなら簡単に書きこめるし、仲間はずれもできてしまいます。悪口や仲間はずれ、無視だけでなく、人の悪口に「いいね」をするのもいじめと同じです。また、冗談のように思える「いじり」でも、相手がいやがっているなら、それはいじめです。SNSでは相手の顔や反応が見えないため、ストレス発散の場にしがちです。すぐに反応せず、自分にブレーキをかけることが大事です。

友だちや自分がネットいじめにあったら

友だちがいじめられたら

いじめている側に「いじめはやめよう」となかなかいえなくても、つらい思いをしている友だちには「自分は味方だよ、ひとりじゃないよ」と伝えて安心させてあげましょう。

いじめがひどくなる前に、家の人や先生、スクールカウンセラーなど信頼できる大人に相談するほか、「こどもの人権110番」「こたエール」(➡38ページ)などの公的機関に相談してみましょう。

※こどもの人権110番(法務省)…0120-007-110
受け付け時間は、月曜日~金曜日の午前8時30分~午後5時15分(土曜日、日曜日、祝日、平日の時間外は留守番電話です)。

自分がいじめられたら

いじめを我慢する必要はありません。フォロー解除やブロックなどで相手と距離をとり、SNSは気にしないこと。ネットいじめは記録が残せるので、いじめに関する部分をスクショするなどして、信頼できる大人や、公的な機関に相談しましょう。

相談するときは、問題がどれほど深刻なのかを伝えるようにしましょう。相談相手がSNSやネットにくわしくない場合には、理解できるような説明を忘れずに。

こうすれば大丈夫！

陰湿な人たちは気にしない！

グループトークで、だれとはいわなくても仲間にわかるように悪口を書いたり、だれかひとりのフォローをいっせいに解除したりと、陰湿なネットいじめはさまざま。ネットでコソコソする人たちのことは気にしないで、**直接コミュニケーションを楽しめる人間関係を大切に**しましょう。

既読スルーしてもOKな関係づくりを

LINEでメッセージが来ても、すぐに返事を返せず既読スルーになることはだれにでもあります。相手が親しければ問題ありませんが、**親しくなったばかりの人**とメッセージのやりとりをするときは、自分がスマホを使用する頻度や、使用できない時間帯を伝えておきましょう。**すぐに返事をしなくても、すぐに返事が来なくても、気にならない信頼関係**をつくりましょう。

サブアカや裏アカをつくるときの注意

メインとして使うアカウント（本アカ）のほかに、趣味や推し活など、**目的別のアカウント**（サブアカ）を持つ人や、家族や友だちに教えず、**本音を投稿するために使うアカウント**（裏アカ）を持つ人がいます。アカウントは簡単に作成できますが、複数のアカウントを持つと管理が大変な上、**トラブルの元になる**ことも知っておきましょう。例えば、投稿するアカウントをまちがえてしまったり、相談に乗るふりをして悪い人が寄ってきたりすることもあります。家の人や友だちも知らないサブアカや裏アカを持つときは注意が必要です。

人を傷つけるような書きこみにショック！

Q 好きな芸能人のSNSを見たら、悪口がいっぱい……これって本当なの!?

うわさを事実のように書いた投稿や、話を大げさに表現した投稿が、SNS上にはあふれています。わざと悪意のある情報を書きこむ人もいます。それらを見た人が、さらに情報を加えて拡散していくため、「すべてが本当のこととは限らない」と思って読みましょう。

悪口やうわさ話を書きこんだら

たとえ相手が芸能人や有名人でも、興味本位で悪意のある書きこみをしてはいけません。相手の人格を否定するような書きこみは、「侮辱罪」や「名誉毀損罪」をはじめ、さまざまな罪に問われる可能性があります。スキャンダラスな内容はあっという間に拡散されるため、すべての書きこみを削除することはできません。うそやうわさを信じてよく考えずに書きこむのはやめて、自分の言葉に責任を持ちましょう。

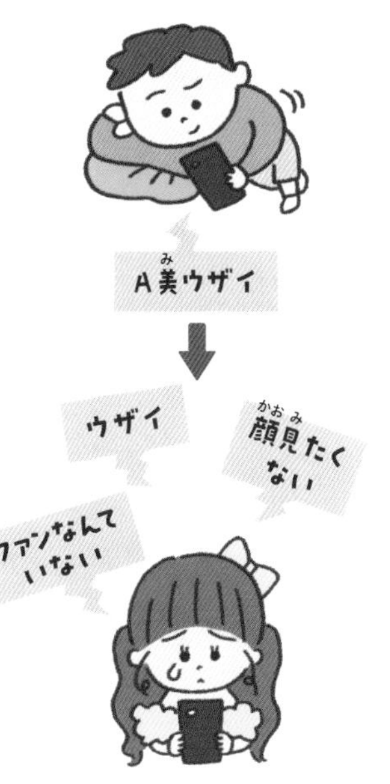

軽い気持ちで投稿している人

匿名だと、自分が書いているこ とがバレない。それをいいことに、デタラメなことをひどい言葉で書きこむ人がいる。

悪口などを書きこまれた人

ひどい書きこみによって、理由もなくしつこい攻撃にさらされたら、心はズタズタに傷ついてしまう。芸能人や有名人でもそれは同じ。

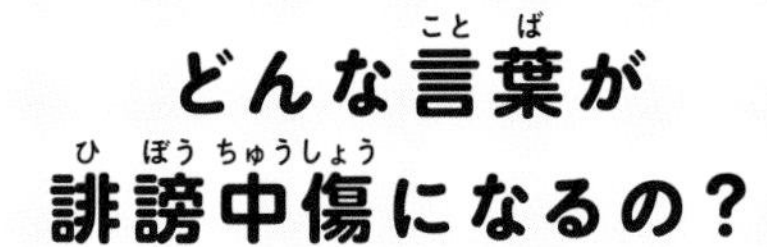

どんな言葉が誹謗中傷になるの？

容姿や性格を否定する言葉や、「死ね」「消えろ」などの暴言、根拠のないうそやうわさ話、悪口など、相手が傷つく言葉はすべて誹謗中傷にあたります。テレビなどで活躍していた女性がSNS上での誹謗中傷に苦しみ、自殺するという事件が起きました。この事件をきっかけに、悪質な投稿への侮辱罪の厳罰化が進みました。匿名での投稿者の特定も迅速に行われるようになってきています。

SNSにみんなが書いているからつい信じちゃった……

本当かどうかわからないのにね……気をつけなきゃ

炎上ってどんなこと？

炎上にはどんなものがあるのか、どんな人が参加しているのかを見ていきましょう。

インターネット上の炎上とは？

SNS上での投稿に対して、攻撃的な批判が集中することを炎上といいます。侮辱や悪口、バイト先での悪質ないたずら（バイトテロ）、飲食店での迷惑行為、うその犯行声明、線路への侵入、またちょっとした失言でも炎上することがあります。炎上すると、批判や誹謗中傷が集中し、個人情報をさらされるなどの被害にあう人もいます。企業に多大な迷惑をかけたり、社会に大きな影響をあたえたりすることもあります。一方で、よくない情報を投稿して宣伝に利用する炎上商法、迷惑行為を投稿する迷惑系YouTuberなど、わざと炎上させる悪質な例もあります。

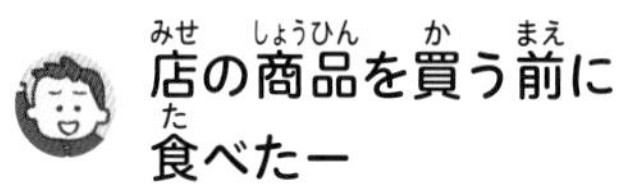

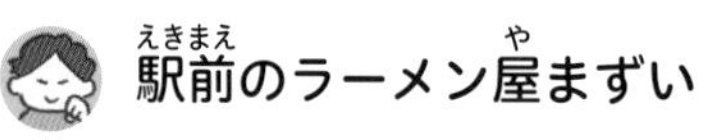

炎上の書きこみはどれくらいの人が参加しているの？

ネットで炎上する書きこみに直接参加しているのは、ごく限られた一部の人たちです。ある調査では、批判されている人をネットで批判した経験がある人は1.1％。複数回、書きこむのはネット利用者の0.5％以下であるとされています。

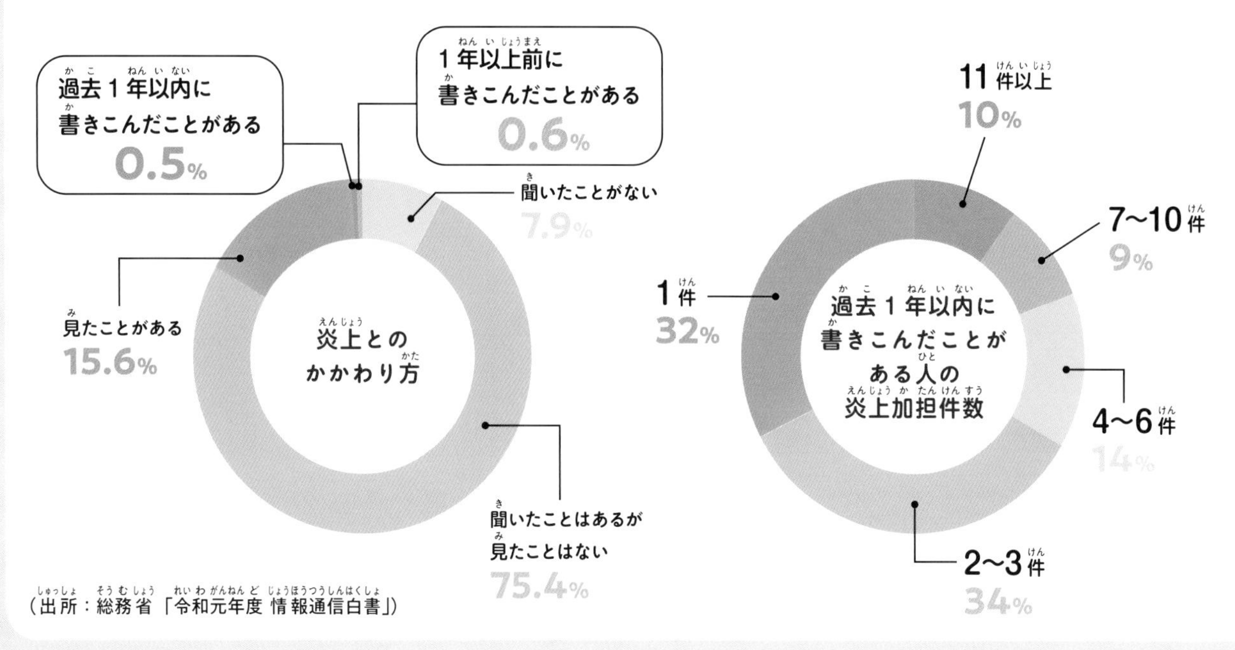

（出所：総務省「令和元年度 情報通信白書」）

こうすれば大丈夫！

安易に「いいね」や拡散をしない

仲間うけや悪質ないたずらに、よく考えず「いいね」をしたり、拡散したりしていませんか。その行為で傷ついている人がいるかもしれません。

「いいね」には、**その情報に同意して拡散に協力したという責任**があります。場合によっては罪に問われることも……。投稿されている内容をじっくり見極めて、「いいね」をするようにしましょう。

誹謗中傷や炎上に巻きこまれないために

軽い悪ふざけの投稿のつもりでも、突然、誹謗中傷や炎上に巻きこまれることがあります。ふだんからSNSでの発言には注意し、**いったん発信したものは世界中に広まる可能性がある**ことを知っておきましょう。また、友だち同士だから、匿名だから何を書きこんでもいいと考えず、慎重な情報発信を心がけましょう。

炎上中はむやみに反論しない

もし自身が発信した情報が炎上しても、炎上に加わっているのは、おもしろがって便乗する人やネット上のごく限られた人たちです。心は傷ついて落ちこむけれど、**世界中を敵に回しているわけではありません**。反論や言い訳をするのはやめましょう。さらに炎上が広がることもあります。まずは**信頼できる大人に相談**して、**気になってもネットやSNSは見ない**ようにしましょう。そして、なぜ炎上したのか原因を考え、同じことをくり返さないようにしましょう。

episode 6

SNSの出会いには危険がいっぱい！

Q SNSで事件に巻きこまれる子どもの数はなぜ多いのでしょう？

子どもが安心してSNSを使える環境は整っておらず、子どもたちをねらって、言葉たくみに近づいてくる犯罪者が後を絶ちません。犯罪に巻きこまれないために、「SNSでの出会い」にひそむ危険をしっかり知り、自分の身を守る対策を考えておくことが大切です。

SNSではいくらでもうそがつける

SNSでは、年齢も性別も職業もいつわることができ、プロフィールに別人の写真を使って他人になりすますこともできます。だから、同じ年齢の女の子だと思っていたら、実は相手はずっと年上の男性だったなど、思っていた人とちがっていたという事例がいくらでもあります。相手が本当の情報を発信していると信じきっていませんか。何度もやりとりしているからといって、一度も会ったことのない人を「知り合い」と思うのはとても危険です。

なやみや不安をかかえる人に犯罪者はよってくる

SNSでなやみを発信している子どもを探して近づいてくる人がいます。そして、相談に乗るふりをして子どもを安心させ、自分のいうことを信じさせてから犯行にいたるグルーミング（➡35ページ）という手口を取ることがあります。話をよく聞いてくれるからといって、会ったこともない人に、安易に自分のなやみや不安を打ち明けるのはやめましょう。

会ったことのない人でも信用しちゃうのがネットの怖さだね

知らない人だから相談しやすいってこともあるけど気をつけなくちゃ

SNSの出会いで気をつけること

SNSで知り合った人に教えてはいけないこと、送ってはいけないものがあります。会おうといわれたときの対処法とともに確認していきましょう。

世界中の人と知り合いになれるのがSNSの魅力。ただ、残念ながら、子どもを性の対象として親しくなろうとする人もいます。中には、部活や通学方法といった個人情報を組み合わせて、居場所を特定して近づいてくる人も。

自分の情報を気軽に話すのは危険です。また、SNSで知り合った人のことは必ず家の人に伝えましょう。もし相手が「親には内緒で」といったら、その人はまちがいなく危険人物です！

✖ SNSで知り合った人に教えてはいけないこと（自分が特定されるような情報）

例

- ⚠ **本名** …… 詐欺などに悪用される
- ⚠ **学校名や住所** …… ストーカーなどのターゲットになる
- ⚠ **通学方法** …… ストーカーなどのターゲットになる
- ⚠ **携帯電話番号** …… 迷惑電話や架空請求などの被害にあう
- ⚠ **部活** …… 部員や学校に迷惑がかかる
- ⚠ **誕生日** …… アカウントの乗っ取りや不正アクセスなどの被害にあう
- ⚠ **家族のこと** …… 家族が犯罪のターゲットになる
- ⚠ **クレジットカードの番号** …… 不正利用や詐欺などの被害にあう

✖ SNSで知り合った人に送ってはいけないもの（自分が特定されたり、相手に保存されたりしたら困るもの）

例

- ⚠ **顔写真** …… 合成写真の作成などに悪用される
- ⚠ **はだかや下着姿の写真・映像** …… 悪用されたり、おどしの材料にされたりする （➡ 21・36 ページ）
- ⚠ **家や学校の写真** …… 場所を特定されて待ちぶせされる
- ⚠ **部屋の写真** …… 部屋には個人情報を特定するヒントがあり、悪用される
- ⚠ **制服や学生証の写真** …… 学校や個人を特定される

もし「会おう」といわれたらどうする？

SNSで知り合った人に「会おう」といわれたら、まず、そのことを家の人に話しましょう。その上で、下の❶❷❸のような対応を取りましょう。

「親と一緒でいいから会おう」といわれたら、家の人から相手に連絡を取ってもらいましょう。二人きりで会わないのはもちろん、友だちなど子どもだけで会いにいくのも危険です。もし会うことになったら、ファストフード店など人目の多い場所を指定しましょう。そしてどんなときにも、「相手の車には絶対に乗らない」「相手の家には絶対に行かない」こと。暴力から命を守るため、連れ去りや性犯罪などにあわないために、必ず守ってください。

会おうといわれたときの対処法

⚠会おうといわれたら、必ず家の人に相談しましょう。

❶ 「家で禁止されている」といって断る

同年代の相手に「会いたい」といわれたら、「親と一緒に行く」などといって、保護者同士で連絡を取ってもらいましょう。

❷ 返信しない

「会わない」といっているのに、しつこく誘ってくるのは下心がある証拠。返信せずにブロックや通知オフにして、相手があきらめるまで無視しましょう。

❸ 自分のアカウントを消す

相手の態度が急に変わったり、おどすような口調になったりしたら、おどされた証拠の画面をスクショしてアカウントを消してください。相手に個人情報を教えたなど不安なときは大人に話し、警察に相談しましょう。

「グルーミング」はだましの手口

SNSで、やさしい人のふりをして子どもの話し相手になり、少しずつ気をゆるすように仕向けることを「グルーミング」といいます。親にはいわないほうがいいと、まわりから孤立させ自分だけを信頼させます。子どもが気づかないうちに、個人情報や秘密にしていることを聞きだし、やがてはわいせつな画像や動画を送るよう要求してきます。断ると「学校や親にバラす」などと脅迫し、子どもを性犯罪に巻きこむのです。やさしそうだと思っても、知らない人とのやりとりは警戒しましょう。

本当にあった事件

SNSでつながった男が小学生をゆうかい・監禁

大阪市の小学6年生の女の子（12歳）が、35歳の男に市内の公園でゆうかいされ、栃木県にある犯人の自宅に1週間近く監禁されました。スマホを取り上げられ、親と連絡がとれない状態にされていました。**犯人と女の子はSNSでやりとりをしていたそうです。SNSは文字だけのコミュニケーション**なので、**知らない人に警戒心をいだきにくく**、女の子も気を許したのかもしれません。

自画撮りの画像をくれたら「有料スタンプあげる」

自画撮りとは、自分で自分を撮影することです。ネットで知り合った相手に求められ、自分のはだかや下着姿の写真を撮影し、送るという事件が後を絶ちません。47歳の埼玉県の男は、LINEの有料スタンプ10個と交換に、小学生の女の子たちにはだかの写真を送らせていました。自画撮りのはだかの画像を送ってしまったら、**画像をばらまくとおどされる危険があるほか、自分のはだかの写真を撮って送ることも法律違反**になることがあるので、絶対にやめましょう。

自画撮り写真の交換から脅迫に発展

ネットで知り合った同じ歳の女の子と意気投合し、秘密を打ち明けあう仲になったAさん。ところが、顔写真を交換しようといわれ、写真を送ったところ態度が急変。**実は相手は大人の男性**で、顔写真と一緒に秘密をバラされたくなければ、はだかの写真を送れと脅迫されたのです。**おどしの材料になるのでネットで知り合った人に絶対に顔写真を送ったり、秘密を教えたりしてはいけません。**

column ②

子どもにとってSNSってどうなの？

子どもは脳が発達途上であることや、社会経験が少ないことなどから、SNSでのつながりが適切であるかどうかを自分でうまく判断できません。そしてSNSは、使い方次第ではストレスや不安の原因になることもあります。SNSで自分を苦しめることのないよう、利点と気をつけなければいけないポイントをしっかりおさえましょう。

SNSはここがすごい！

いろいろな仲間とつながることができる

音楽や本、ゲーム、アニメなど、同じことに興味・関心を持つ人たちとつながることができます。年齢も国籍もこえて、世界中のどんな人たちとも情報交換できますし、そこから自分の可能性や知らない世界を広げていけます。弱い立場の人がつながって大きなムーブメントを起こすこともあります。

情報発信や自己表現の場に

一度に情報を拡散できるSNSは、店やイベントの情報の通知、試合時間の変更など急ぎのお知らせのほか、災害や電車のトラブルといった緊急時にも役立ちます。また、マンガや小説、音楽、写真、映像などを、だれでも自由に発表できるため、自己表現の場としても多くの人が活用しています。

SNSはここに気をつけよう！

考え方がかたより世界がせまくなる

同じ意見の人の投稿や特定のサイトばかり見ていると、それ以外の考え方ができなくなることもあります。同じ価値観の情報だけにはまりこまないよう、自分とはちがう意見の人もフォローし、見るようにしてみましょう。

現実感のない世界で自信をなくしてしまう

自分の顔や体型などにコンプレックスをいだく人が少なくありません。理想の外見や体型に関連した投稿ばかり見ていると、自分の容姿に自信が持てなくなってしまいます。SNSには現実感のない世界がいっぱい。それにふり回されず、リアルな日常を大切にしましょう。

相談先

インターネットのトラブルについて相談したいときは

インターネット上で誹謗中傷などのトラブルにあった

トラブルを解決したい

なやみや不安を聞いてほしい

まもろうよ こころ（厚生労働省）
https://www.mhlw.go.jp/mamorouyokokoro/
電話、メール、チャット、SNSなどで気軽に相談できる窓口を紹介している。

どうしたらいいかわからない

書きこみを削除したい

書きこんだ人につぐなってほしい

身の危険を感じる／犯人を処罰してほしい

弁護士に相談

法テラス（日本司法支援センター）
https://www.houterasu.or.jp
法的トラブルの解決法をアドバイス。

違法・有害情報相談センター（総務省）
https://ihaho.jp
自分でサイト運営者に削除をたのむ方法などをアドバイス。

人権相談（法務省）
https://www.moj.go.jp/JINKEN/index_soudan.html
セクハラや差別など人権に関する相談を受けつけている。

誹謗中傷ホットライン（セーファーインターネット協会）
https://www.saferinternet.or.jp/bullying/
ネット上の誹謗中傷についてプロバイダへ無料で通知してくれる。

セーフライン（セーファーインターネット協会）
https://www.safe-line.jp
リベンジポルノやいじめ画像などネット上の違法・有害情報に対応。

サイバー犯罪の相談窓口（警察庁）
https://www.npa.go.jp/bureau/cyber/soudan.html
全国各地の警察でサイバー犯罪の相談を受けつけている。

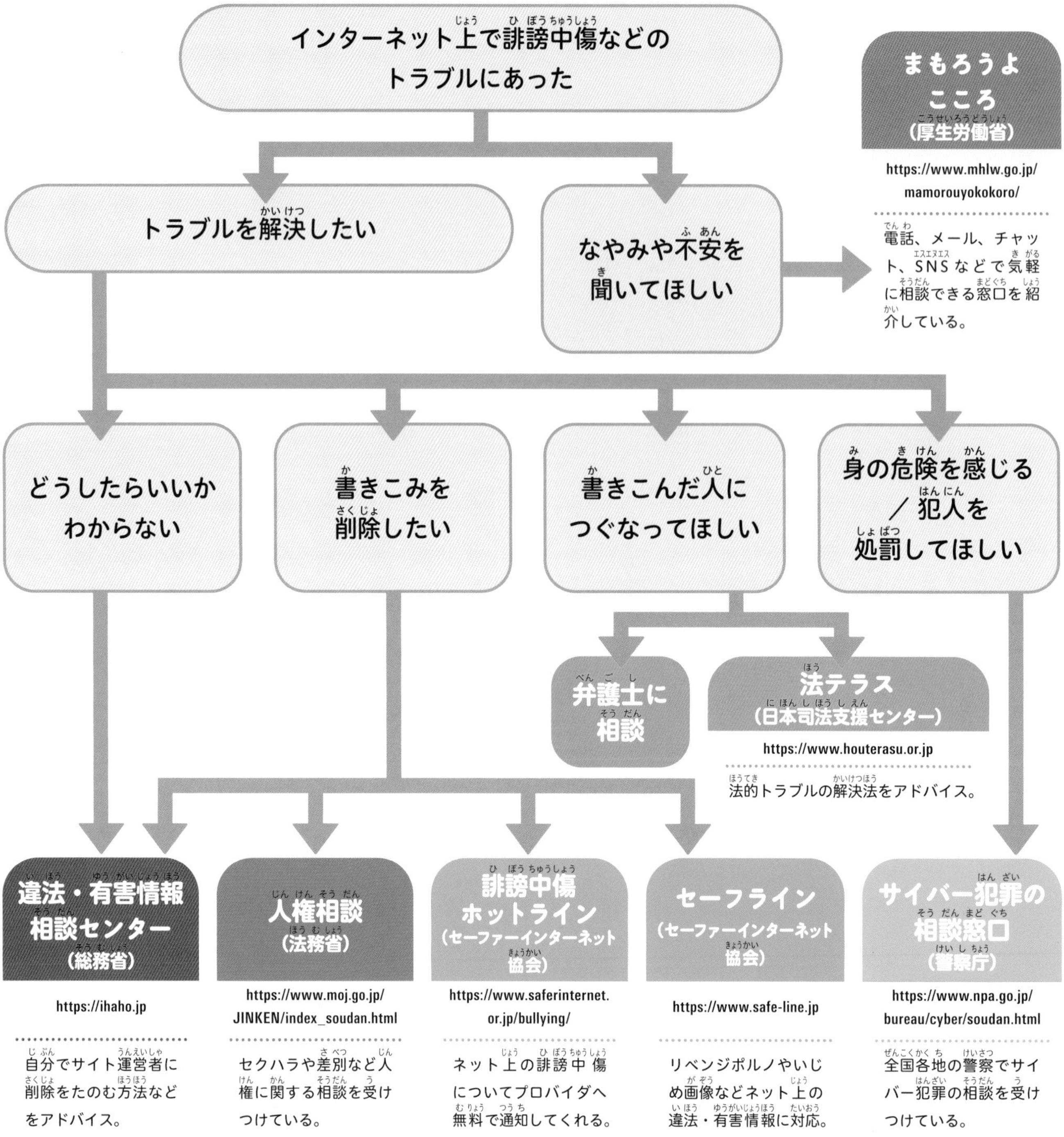

（総務省「インターネット上の書き込みなどに関する相談・通報窓口のご案内」より作成）

ネットやスマホのトラブルついて相談したいときは

こたエール（東京都 都民安全推進本部）
https://www.tokyohelpdesk.metro.tokyo.lg.jp

見覚えのないお金を請求された、SNSで知り合った人に「会いたい」といわれた、自分の画像を送ってしまった、または、ネットでいじめを受けているなど、ネットやスマホのさまざまなトラブルについて、対応策をアドバイスしてくれるのが「こたエール」。名前をいう必要はなく、電話・メール・LINEで相談できる。

消費者ホットライン（消費者庁）
局番なしの「188」！

ネット上の買い物に関するトラブルなどの相談窓口を案内してくれる。

全3巻

便利！ 危険？

自分を守るネットリテラシー

●監修：遠藤 美季　・A4変型判/各40ページ　・NDC370/図書館用堅牢製本

「タブレットやスマホを使う」「SNSで情報発信をする」「ネットでゲームやショッピングをする」……。

どれも小中学生が学校や生活で日常的にしていることです。本書では、ネットを使う小中学生にとって身近なトラブルをマンガで紹介し、回避策を提示しています。

マンガで「あなたならどうするか？」を考えてみましょう。どこに原因があったのか、どうすればトラブルを防げるかを解説から学び、1人1台しっかり活用できるネットリテラシーを、本シリーズで身につけてください。

基本を知ってリスク回避

タブレットやスマホを使うときの注意点を軸に、授業で役立つ著作権や家庭で活かせるタブレット・スマホを使うためのルールのつくり方を収録。

- episode 1 タブレットを使うときに注意したいこと
- episode 2 自分のID、パスワードは最高機密！
- episode 3 タブレットやスマホを使い過ぎると
- episode 4 その情報、信じて大丈夫？
- episode 5 タブレットやスマホとうまく付き合っていくには？

SNSにひそむ危険

SNSを楽しく使いこなすためのコツや、ネットを介したメッセージのやりとりのポイント、犯罪に巻きこまれないための注意点を解説。

- episode 1 チェーンメールが回って来たらどうすればいいの？
- episode 2 メッセージのやりとりでトラブルになっちゃった
- episode 3 その投稿、大丈夫？
- episode 4 グループトークで仲間はずれに
- episode 5 人を傷つけるような書きこみにショック！
- episode 6 SNSの出会いには危険がいっぱい！

ネットゲーム・ショッピングの罠

ネットショッピングでだまされないために気をつけたいこと、ネット（オンライン）ゲームをするときの課金やチャットトラブルを防ぐ方法をくわしく紹介。

- episode 1 ネットショッピングは便利で楽しいけど
- episode 2 これって違法なダウンロード？
- episode 3 どうしても欲しいアイテムが売ってる
- episode 4 ゲームに夢中になりすぎてない？
- episode 5 ネットゲームでトラブル発生！

遠藤 美季（えんどう みき）

保護者・学校関係者・子ども向けにネット依存の問題や情報モラル・リテラシーへの関心を広げるための活動をする任意団体エンジェルズアイズを主宰。保護者、子どもからのメールによる相談の受けつけ、助言も行っている。またアンケートによる意識調査や取材などを通じ現場の声から未成年のネット利用についての問題点を探り、ネットとの快適な距離・関係の在り方について提案している。
著書に『脱ネット・スマホ中毒』（誠文堂新光社）、監修書に『あの時こうしていれば……本当に危ないスマホの話』『大人になってこまらない マンガで身につく ネットのルールとマナー』（金の星社）ほか多数。

- マンガ　久方 標
- 本文イラスト　よしだ さやか
- 原稿執筆　永山 多恵子
- シナリオ　古川 美奈
- デザイン　Kamigraph Design
- 校正　有限会社 ペーパーハウス
- 編集　株式会社 アルバ

便利！危険？自分を守るネットリテラシー

SNSにひそむ危険

初版発行　2023年12月

監修／遠藤 美季

発行所／株式会社 金の星社
〒111-0056 東京都台東区小島1-4-3
電話／03-3861-1861（代表）
FAX／03-3861-1507
振替／00100-0-64678
ホームページ／https://www.kinnohoshi.co.jp

印刷／広研印刷 株式会社
製本／株式会社 難波製本

よりよい本づくりをめざして

お客様のご意見・ご感想をうかがいたく、
読者アンケートにご協力ください。
ご希望の方にはバースデーカードを
お届けいたします。

＼＼ アンケートご入力画面はこちら！ ／／

https://www.kinnohoshi.co.jp

40P.　29.5cm　NDC370　ISBN978-4-323-06177-1

Published by KIN-NO-HOSHI SHA,Tokyo, Japan